CATALOGUE
DES LIVRES

DE M. ***.
Le Baron d'Heiss.

Dont la Vente se fera le Lundi 6 Juin 1785, à 4 heures de relevée, en l'une des salles de l'Hôtel de Bullion, rue Plâtriere.

A PARIS,

Chez DE BURE, fils aîné, Libraire, Quai des Augustins.

M. DCC. LXXXV.

Les Livres seront exposés dans l'Ordre qui suit.

Lundi 6 Juin.

Théologie, ...	1 à	4
Jurisprudence, ...	25 à	29
Sciences & Arts, ...	30 à	41
Belles-Lettres, ...	106 à	143
Histoire, ...	336 à	346

Mardi 7.

Théologie, ...	5 à	8
Sciences & Arts, ...	42 à	53
Belles-Lettres, ...	144 à	181
Histoire, ...	347 à	364

Mercredi 8.

Théologie, ...	9 à	12
Sciences & Arts, ...	54 à	65
Belles-Lettres, ...	182 à	219
Histoire, ...	365 à	382

Jeudi 9.

Théologie, ...	13 à	16
Sciences & Arts, ...	66 à	77
Belles-Lettres, ...	220 à	257
Histoire, ...	383 à	400

Vendredi 10.

Théologie, ...	17 à	20
Sciences & Arts, ...	78 à	89
Belles-Lettres, ...	258 à	295
Histoire, ...	401 à	418

Samedi 11.

Théologie, ... 21 à 24
Sciences & Arts, ... 90 à 105
Belles-Lettres, ... 296 à 335
Histoire, ... 419 à 431

On vendra au commencement de chaque Vacation, des Livres qui n'ont pas pu être détaillés.

CATALOGUE
DES LIVRES
DE M. ***.

DONT la Vente se fera le Lundi 6 Juin 1785, à 4 heures de relevée, en l'une des salles de l'Hôtel de Bullion, rue Plâtriere.

THÉOLOGIE.

1 BIBLIA Sacra latina. in 8. m. bl.

MANUSCRIT sur Vélin, du XIV siecle, écrit en lettres de forme.

2 La Bible en François. *Paris*, in 4. Goth. v. f.
3 Epistola Walteri, Episcopi Magalonensis ad robertum super psalterium. in fol.

MANUSCRIT sur Vélin, du XIV siecle, contenant 173 feuillets sur deux colonnes, en *lettres de forme*.

4 Figures de la Bible, par Royaumont. *suivant la copie de Paris*, 1686, in 12 fig. v. b.

A

THÉOLOGIE.

5 Histoire Sacrée en Tableaux, par de Brianville. *Paris*, 1699, 3 tom. rel. en un vol. in 12. v. éc.

6 Physique Sacrée, *ou* Histoire Naturelle de la Bible, par Scheuchzer. *Amsterdam*, 1732, 8 vol. in fol. v. éc. d. f. tr.

7 Prieres de Quarante-Heures. in 12. m. r.

MANUSCRIT sur Vélin, écrit par Montchauffé en 1744.

8 S. Cypriani Epistolæ. in fol.

MANUSCRIT du XV siecle, partie sur Vélin, partie sur papier, contenant 229 feuillets, à longues lignes, écrits en ancienne bâtarde.

9 Le Livre des Saints Anges, compilé par François Eximines. *Geneve*, 1478. in fol. goth. rel. en bois.

Premiere édition.

10 Le Trésor & entiere Histoire de la triomphante victoire du corps de Dieu, sur l'esprit malin Béelzebut, par Boulœse. *Paris*, 1578, in 4. parch.

11 Le Miroir du Pécheur Pénitent. *Paris*, 1649. in 8. fig. v. éc. = Le Sacrifice de la Croix. *Paris*, 1634, in 8. fig. v. f. = L'eau vive de la Fontaine d'Asbamée. *Reims*, 1609, in 8. parch. = Accroissement des eaux de Siloé, pour éteindre le feu du Purgatoire. *La Rochelle*, 1604, in 8. v. m.

12 Le Foudre foudroyant & ravageant contre les péchés mortels, par Juvernay. *Paris*, 1635, in 12. parch.

13 De l'Abus des Nudités de Gorge. *Paris*, 1677, in 12. v. b = Le Promptuaire des Conciles. *Paris*, 1545, in 18. v. b. = L'Institution de la Femme Chrétienne. *Paris*, 1545, in 18. vel.

THÉOLOGIE.

14 La Fleur des Commandemens de Dieu. *Paris*, in fol. goth. v. b.

15 Le Directoire des Contemplatifs, par Herp. *Paris*, 1550, in 18. goth. v. f. == Le Jardin de Plaisir & de Récréation Spirituel. *Paris*, 1605, 2 vol. in 8. vel.

16 Ci est li Enseingnemens de l'Ame.==Le Vergier de la Sainte Ame. == Les Méditations Saint Bernart. == Les Evangiles de toute l'Année. in fol. v. f.

MANUSCRIT sur Vélin, du XIV siecle, contenant 140 feuillets, sur deux colonnes, écrits en *lettres de forme*.

17 Th. a Kempis de Imitatione Christi Libri IV. *Lugd. Bat. apud Elzevirios*, absque anni nota, in 12. m. r.

Edit. optima.

18 Le Livre intitulé Internelle Consolation. *Paris*, 1539, in 8. goth. v. b. == La Création du Monde Historiée. in 8 fig. goth. v. b. ==Les douze Dévotes Contemplations. *Paris*, in 8. goth. v. b.

19 Cy commenche le Liure de l'Orloge de Sapience, lequel fist Frere Jehan de Sonhan de la nacion Dalemaingne. in fol.

BEAU MANUSCRIT sur Papier, du XV siecle, contenant 218 feuillets écrits en *ancienne bâtarde*.

20 L'Horloge de Sapience. *Paris, Verard,* 1493, in fol. goth. == L'Ordinaire des Chrétiens. in fol. goth. == Le Doctrinal de Sapience. *Lyon, Cl. Daygue,* 1497, in fol. goth, rel. en bois.

21 Le Pâturage de la Brebis humaine, par P. Doré.

A ij

THÉOLOGIE.

Paris, 1546. Anatomie et Myftique Defcription des Membres de Notre-Sauveur Jésus-Chrift, par le même. *Paris*, 1546, in 18. v. b.

22 La Diete de Salut, par Saint-Pierre de Luxembourg. in 4. goth. ═ La Louange des Dames. ═ Le Regime de Menaige, felon S. Bernard. in 4. goth. v. b.

23 Le Livre de la Difcipline d'Amour Divine. *Paris*, 1538. in 8. goth. v. m. ═ Propofitions, dits & Sentences, contenant les fruits du Saint-Sacrement de l'Autel. *Paris*, 1556, in 8. goth. v. m. ═ Le Verger Célefte. *Paris*, 1536, in 18. goth. v. b. ═ L'Entretenement de Vie, par Goevrot. *Lyon*, 1537, in 12. e h. v. f.

24 Entretien Evangélique de l'Ame Dévote, par de Nerveze. *Paris*, 1612, in 12, fig. v. f. ═ La Religion et la Grace, Poëmes, par Racine. *Paris*, 1742, in 12, v. m.

JURISPRUDENCE.

25 Collectio Catholicæ et Canonicæ Scripturæ ad deffenfionem Ecclefiafticæ Jerachiæ et ad inftructionem fimplicium fidelium Chrifti contra pericula eminentia Ecclefiæ generali per ypocritas pfeudopræedicatores & penetrantes domos & octiofos & curiofos & gezonagos. in fol.

Manuscrit fur Vélin, du XV fiecle, contenant 139 feuillets fur deux colonnes, en *ancienne bâtarde*.

26 La Claire, ou de la Prudence de Droit, Dia-

JURISPRUDENCE.

logue. Plus, la Clarté Amoureuse, par Loys le Caron. *Paris*, 1554, in 8. vel.

27 Coutume de Normandie, mise en Vers, par Guill. Cauph. in 18. v. b.

BEAU MANUSCRIT sur Vélin, du XV siecle, écrit en *lettres de forme*, avec les initiales peintes.

28 Causes Célebres & Intéressantes, avec les Jugements qui les ont décidées. *Paris*, 1739, 20 vol. in 12. v. m.

29 Anciennes Loix des François, conservées dans les Coutumes Angloises, par Littleton. *Rouen*, 1779, 2 vol. in 4.

SCIENCES ET ARTS.

30 BOETIUS de Consolatione Philosophiæ. in fol.

MANUSCRIT sur Vélin, du XV. siecle, sur deux colonnes, contenant 77 feuillets, écrit en *ancienne bâtarde*.

31 Les Caracteres de Théophraste, par la Bruyere. *Amsterdam*, 1731, 2 vol. in 12. baf.

32 Les Offices de Cicéron, traduits en Allemand. *Ausbourg*, 1531, in fol. parch. avec de belles figures en bois.

33 Le Spectateur, trad. de l'Anglois. *Paris*, 1755, 3 vol in 4. v. m.

34 Les Peintures Morales, où les Passions sont représentées par Tableaux, par le P. le Moyne. *Paris*, 1640, in 4. gr. pap. m. r. l. r.

35 La Fable des Abeilles, ou les Frippons devenus Honnêtes Gens. *Londres*, 1740, 4 vol. in 12. baf.

6 SCIENCES ET ARTS.

36 Magasin des Enfants, par Mde. le Prince de Beaumont. *Lyon*, 1765, 2 vol. v. m. == Magasin des Adolescentes, par la même *Lyon*, 1765, 2 vol. v. m. == Instructions pour les Jeunes Dames, par la même, *Lyon*, 1764, 3 vol. in 12. v. m.

37 Essai d'un Dictionnaire, contenant la connoissance du Monde, représenté par des figures Hiéroglyphiques. *Wesel*, 1700, in 4. br.

38 L'Ecole du Monde, ou Instruction d'un Pere à son Fils. *Suivant la copie de Paris*, 1700, 6 tom. rel. en 3 vol. in 12. v. m.

39 Discours Politiques & Militaires, de la Noue. *Basle*, 1587, in 8. v. m.

40 Le Livre de Police Humaine, traitant du Gouvernement d'un Royaume, d'une République, &c. par Gilles d'Avrigny. *Paris*, 1544, in 8. v. b. == Le Miroir de Sapience de la Dame Chrétienne, sur la Vie de Ste. Romaine. *Paris*, 1611, in 8. v. f. == Dialogue de trois Vignerons, sur les Miseres du temps. 1630. in 8. v. m.

41 Paradoxe sur l'incertitude, vanité & abus des Sciences, par Agrippa. 1603. in 12. v. b. == L'Examen des Esprits propres aux Sciences, trad. d'Huarte, par Chapuis. *Paris*, 1588, in 12 vél.

42 Recueil de Dissertations sur les Apparitions, les Visions, &c. par l'Abbé Lenglet du Fresnoy. *Paris*, 1751, 4 vol. in 12. v. m.

43 Teliamed, ou Entretiens d'un Philosophe Indien, sur la diminution de la Mer, &c. *Amst.* 1748, 2 vol. in 8. v. m.

44 Description & Usage de Plusieurs nouveaux

SCIENCES ET ARTS.

Microscopes, par Joblot. *Paris*, 1718, in 4. fig v. m.

45 Une suite de 21 Planches, représentant divers grands Télescopes & Microscopes, qui se voyent au Cabinet du Roi à la Muette, par Dom Noel. in fol. br. en cart.

46 Dictionnaire Portatif d'Histoire Naturelle. *Liege*, 1762, 2 vol. in 8. v. m.

47 Le Spectacle de la Nature, par M. Pluche. *Paris*, 1739, 4 vol. in 12, fig. v. m.

48 Recueil de Minéraux. par Schmidel. *Nuremberg*, 1753, in fol. en Allemand.

30 Figures coloriées.

49 Figures enluminées, d'Histoire Naturelle. *Copenhague*, 1767, in 4. br.

10 Pieces.

50 Dissertation sur le Jardinage de l'Orient, par Chambers. *Londres*, 1772, in 4. br.

51 Icones Plantarum & Analyses partium, cura Jo. Christ. Keller, 1762. in fol. br.

36 Planches coloriées.

52 Histoire Naturelle des Quadrupedes. *Erlang*, 1776, in 4. br.

Figures coloriées.

53 Les Délices des yeux & de l'esprit, ou Collection de Coquillages, par Knorr. *Nuremberg*, 1771, in 4. la 5me. partie.

Figures coloriées.

SCIENCES ET ARTS.

54 D. J. C. Schaefferi icones, infectorum circa Ratisbonam indigenorum. 2 vol. in 4. en feuilles.

200 Planches coloriées.

55 Museum Kircherianum a Patre Phil. Bonanni. *Roma*, 1709, in fol. fig. br.

56 Abrégé de toute la Médecine-Pratique, par Allen. *Paris*, 1737, 6 vol. in 12. v. m.

57 Traité des Maladies les plus fréquentes, par M. Helvétius. *Paris*, 1756, 2 vol. in 12. v. m.

58 De l'administration du Saint-Bois, par Alp. Ferrier. *Poitiers*, 1546, in 18. v. b. === Le Médecin de Soi même par l'instinct. *Leyde*, 1687, in 12, v. b. === Discours touchant la Guérison des Plaies, par la poudre de Sympathie, par Digbi. in 12 v. b.

59 Histoire de l'inappetence d'un enfant de Vauprofonde, de son désistement de boire & de manger, pendant quatre ans onze mois, par Simeon de Provencheres. *Sens*, 1616, in 8. vél. ===Traité du Divorce fait par l'Adultere. *Paris*, 1655. in 8. vél.

60 Abrégé de l'Art des Accouchements, par Madame le Boursier-du-Coudray. *Châlons*, 1773, in 8. bas.

Figures coloriées.

61 Le Parfait Maréchal, par Soleysel. *Bruxelles*, 1691, in 4. vél.

62 Nouvelles Prédictions de la destinée des Princes & Etats du Monde, trad. de l'Italien. *Venise*, 1688, in 12. v. m.

63 Description des Arts & Métiers, par MM. de

SCIENCES ET ARTS.

l'Académie des Sciences. 4 vol. in fol. v. m.
64 Dictionnaire de chiffres & de lettres ornées par Pouget. *Paris*, 1767, in 4. br.
65 Deux vol. contenant différens Deffins faits à la plume & à la mine de plomb. = Le premier cahier des Coftumes François. *Paris*, 1776, in fol. br.
65 * Schola Italica Picturæ, five selectæ quædam fummorum e Schola Italica pictorum, tabulæ ære incifæ, cura & impenfis Gavini Hamilton. *Romæ*, 1773. in fol. gr. pap. br.

40 Pieces.

66 Tableaux du Cabinet du Roi. *Paris, de l'Imprimerie Royale*, 1679.

36 Pieces.

Statues & Buftes antiques des Maifons Royales. *Paris, de l'Imprimerie Royale*, 1679, in fol. m. r.

60 Pieces.

67 Suite des Médaillons du Cabinet du Roi, gravés par la Boiffiere, en 41 feuilles. in fol. m. r.
68 Defcription de la Grotte de Verfailles. in fol. fig. m. r.
69 Tapifferies du Roi. *Paris*, 1679, in fol. fig. v. b.

12 Pieces.

70 Vues de Vander-Meulen. in fol. gr. pap. v. b.
35 Pieces d'anciennes épreuves.
71 La Galerie du Palais du Luxembourg, peinte par Rubens, deffinée par Nattier. *Paris*, 1710, in fol. rel. en cart.

SCIENCES ET ARTS.

72 Galeria Farnesiana, ab Annibalo Carraccio, incisa a Pet. Aquila. *Roma*, in fol. br.

73 Cabinet de l'Archiduc Léopold, gravé par les soins de Teniers, *Bruxelles*, 1660, in fol. v. b.

 246 Pieces.

74 Les Peintures du plafond de l'Eglise des Jésuites d'Anvers, par P. P. Rubens : & une suite de dix Estampes gravées à l'eau-forte, par Dewit. in fol. br. en cart.

 36 Pieces.

75 La Vie de S. Bruno, peinte au cloître des Chartreux, par le Sueur, gravée par Chauveau. in fol. br. en cart.

 22 Pieces.

76 Recueil d'Estampes du Cabinet de M. Boyer d'Aguilles. *Paris*, in fol. br.

77 Recueil d'Estampes, contenant les douze mois de l'année, par Hondius & autres. in fol. v. f.

 28 Pieces.

78 Recueilles d'Estampes fort singulieres sur le systême de Law. in fol. br.

 60 Pieces.

79 Œuvre de J. B. le Prince. *Paris*, 1782, in fol. br.

 160 Pieces à l'eau-forte & au lavis.

80 Recueil d'Amateurs & d'Artistes, contenant 200 pieces gravées à l'eau-forte, par différents Maîtres. in fol. br.

81 Recueil de différentes Estampes, par Sadeler, Goltzius, Saredam & autres. in fol. v. b.

SCIENCES ET ARTS.

82 Recueil de différentes Estampes, gravées par Bloemart, Chauveau & autres. in fol. v. b.
83 Recueil de différentes Figures, gravées par Mat. Merian. in fol. oblong. vél.
84 Recueil de 300 Têtes & sujets de composition, gravées par le Comte de Caylus. in 4. bas.
85 Raccolta di disegni originali di B. Bossi. *Parma*, 1772, in fol. br.
86 Mascarade à la Grecque, par Bossi. *Parme*, in fol. br.

 10 Pieces.

87 Recueil de cent Estampes, représentant différentes nations du Levant. *Paris*, 1714, in fol. v. éc.

 Figures coloriées.

88 Caravanne du Sultan à la Mecque. Par M. Vien. *Paris*, in 4. br.

 Avec Figures coloriées, rehaussées d'or.

89 Portraits de Personnes illustres. in 8. v. m.
90 Recueil de 54 Portraits, gravés par Odieuvre, pour joindre aux Mémoires de Comines. in 4. gr. pap.
91 Recueil de divers griffonnements, têtes, animaux, &c. par Della Bella. *Paris*, in 4. br.

 149 Pieces.

92 Recueil de Lions, dessinés d'après nature, & gravés par Picart. *Amsterdam*, 1729, in 4. br.

 54 Pieces.

93 Fêtes données par la ville de Paris, à l'occasion

SCIENCES ET ARTS.

du Mariage de Madame. *Paris*, 1740. in fol. br.

94 Fêtes données au Roi, à Strasbourg. in fol. br.

95 Relation de l'arrivée du Roi, au Havre. *Paris*, 1753, in fol. br.

96 Catalogue des livres d'Eſtampes & de Figures en taille-douce, avec un dénombrement des Pieces qui y ſont contenues, &c. par l'Abbé de Marolles. *Paris*, 1666 & 1672, 2 vol. in 8. & in 12. v. Rare.

97 Architecture de Vitruve, trad. par Martin. *Paris*, 1572. in fol. parch.

98 Architeture è Proſpective da Galli Bibiena. *Pariſiis*, in fol. br.

50 Pieces.

99 Détails des plus intéreſſantes parties d'Architecture de la Baſilique de S. Pierre de Rome, par Dumont. *Paris*, 1763. in fol. br.

100 Projet d'une Salle de Spectacle pour la ville de Breſt, & autres ouvrages ſur l'Architecture, par Dumont. in fol. br.

101 Vallo, du fait de la Guerre, & Art Militaire. *Lyon*, in 8. rel. en cart. === L'Hiſtoire de la guerre d'Ecoſſe par J. de Beaugué. *Paris*, 1556. in 8. rel. en cart. === Campagne de M. le Maréchal de Noailles, en Allemagne, l'an 1743. *Amſterdam*, 1760, 2 vol. in 12. v. m.

102 Mémoires du Marquis de Feuquiere, contenant ſes Maximes ſur la guerre. *Paris*, 1740. 4 vol. in 12. v. b.

103 Eſprit des Loix de la Tactique, par M. de Bonneville. *La Haye*, 1762. in 4. fig v. m.

104 Cy commence ung Liure de Medecine de

SCIENCES ET ARTS.

Faulcons & de tous autres Oyseaux de noble plumaige, par Jehan de Francieres. in fol.

MANUSCRIT sur Vélin, de la fin du XV siecle, en *ancienne bâtarde*, contenant 43 feuillets.

105 La Vénérie & Fauconnerie de Jacques Fouilloux. *Paris*, 1585, in 4. v. f. === La Fauconnerie, par d'Arcussia. *Rouen*, 1644. in 4. parch.

BELLES-LETTRES.

106 TRÉSOR des Antiquités Gauloises & Françoises, par Borel. *Paris*, 1655. in 4. parch.
107 L'Iliade d'Homere, nouvelle traduction. 1682, in 12. v. b. avec les figures de Schoonebeck.
108 L'Iliade & l'Odyssée d'Homere, trad. par M. Gin. *Paris*, 1784, 8 vol. in 12. v. m.
109 L'Homere travesti, ou l'Iliade en vers burlesques. *Paris*, 1716, 2 vol. in 12. bas. === Fables nouvelles, par M. Grozelier. *Paris*, 1768, in 12. v. m.
110 Les Odes amoureuses d'Anacréon, Sapho & Théocrite, en prose & en vers, par Dufour. *Paris*, 1670. in 12. v. m. === Anacréon, Sapho, &c. trad. en vers, par Poinsinet de Sivry. *Nancy*. in 8. v. m. === Les Idylles de Bion & Moschus, trad. *Paris*, 1686. in 12 v. éc.
111 Anacréon, Sapho, Bion & Moschus, trad. par M. Moutonnet de Clairfonds. *Paris*, 1773. in 8. fig. br.
112 L'Iphigénie d'Euripide, trad. *Paris*, 1550. in 8. v. b. === Tragédie françoise de Philanire,

BELLES-LETTRES.

femme d'Hyppolite. *Paris*, 1577, in 8. v. f. ⸺ L'Ecole des Amants, Comédie, par Jolly. *Paris*, 1719. in 12. m. citr. doub. de m. bl. dent.

113 Pub. Virgilii Maronis, opera. *Birminghamiæ*, Baskerville, 1757, in 4. m. r. dent.
    Edition originale.

114 Traduction des Eglogues de Virgile. *Beziers*, 1601. in 8. m r. ⸺ Description de la Source d'erreur, par Sorbin. *Paris*, 1570. in 8. v. m. Essais Poëtiques, d'Anselme Goutard. *Orléans*, 1638, in 8. m. r. ⸺ Apologie de Lysias, sur le meurtre d'Eratosthene surpris en adultere. *Lyon*, 1576. in 8. rel. en cart.

115 Les Géorgiques de Virgile, trad. en vers françois, par M. Delille. *Paris*, 1770. in 8. fig. br.

116 Les Géorgiques de Virgile, en vers françois, par M. l'Abbé de Lille. *Paris*, 1782. in 18 v. éc. ⸺ Les Jardins, Poëme, par le même. *Paris*, 1782. in 18. br.

117 Traduction de l'Eneïde de Virgile, par Segrais. *Amsterdam*, 1700, 2 vol. in 12. fig. br. ⸺ Les Odes d'Anacréon & de Sapho, en vers françois. *Rotterdam*, 1712. in 12. v. b.

118 Picturæ antiquissimi Virgiliani codicis, a Petro Sancte Bartoli incisæ. *Romæ*, 1782. in 4. br.

119 Les Quinze Livres de la Métamorphose d'Ovide, mis en rimes, par Fr. Habert. *Paris*, 1557, 2 vol. in 8. v. m.

120 Les Métamorphoses d'Ovide, mises en vers françois, par T. Corneille. *Paris*, 1697, 3 vol. in 12. fig. v. b.

BELLES-LETTRES.

121 Métamorphoses d'Ovide en rondeaux, par Benserade. *Amsterdam*, 1697. in 8. fig. v. b.

122 Les Epîtres d'Ovide, traduites en vers françois, avec les Commentaires de Meziriac. *Bourg-en-Bresse*, 1626, 2 vol. in 8. m. citr. l. r.

123 La Pharsale de Lucain, en vers françois, par Brebeuf. *Paris*, 1659. in 12. fig. v. b. ══ Sentences & Proverbes notables, avec plusieurs dictons joyeux. *Paris*, 1627. in 18. parch. ══ La Sainte Philosophie d'amour, par Léon Hébreux. *Paris*, 1596. in 18. vel.

124 La Pharsale de Lucain, trad. par M. Marmontel. *Paris*, 1766, 2 vol. in 8. v. m.

125 Poëme de Pétrone, sur la guerre civile entre César & Pompée. *Amsterdam*, 1737. in 4. br.

126 Pub. Terentii Comœdiæ ex recensione Dan. Heinsii cum italica versione, & figuris. *Romæ*, 1767, 2 vol. in fol. br. en cart.

127 Les Couches sacrées de la Vierge, poëme de Sannazar, trad. par Colletet. *Paris*, 1634. in 12. vel. ══ La Touche naïve pour connoître le faux aloi de la doctrine de Calvin. *Paris*, 1560. in 8. v. éc. ══ Epîtres ou Lettres missives, écrites par l'effluxion d'esprit de la vie uniforme. in 8. v. b.

128 La maniere de nourrir les Enfants à la mamelle, trad. de Ste. Marthe. *Paris*, 1698. in 8. v. m. ══ Deux Livres des simples de Galien, trad. par J. Canape. *Paris*, in 18. v. m.

129 Poëtique de M. de Voltaire. *Paris*, 1766. in 8. ══ Poëtique françoise, par M. Marmonmontel. *Paris*, 1763, 2 vol. in 8. v. m.

BELLES-LETTRES.

130 Fabliaux ou Contes du XII & du XIII siecle, trad. par M. le Grand. *Paris*, 1779, 4 vol. in 8. br.

131 Recueil des plus belles pieces des Poëtes François, depuis Villon jusqu'à Benserade. *Paris*, 1692; 5 vol. in 12. v. b.

132 Recueil de diverses Poësies des plus célebres Auteurs de ce temps. *Paris*, 1652. in 12. v. b. = Instruction de la fille de Calvin, démasquée, par de Rostagny. *Paris*, 1685, in 8. v. m. = Poëmes Chrétiens de Montmeja. 1574. in 8. v. m.

133 Le Roman de la Rose, par Jehan de Meun. Le Testament & le Codicile, du même. in fol. m. bl.

MANUSCRIT sur Vélin, du XIV siecle, très bien conservé, avec de jolies miniatures.

134 Le Roman de la Rose. *Paris, Renault*, 1538, in 8. goth. v. b.

135 Le Castoiement, ou instruction d'un pere à son fils. *Paris*, 1760, in 12. v. m. = Les Amours de Philandre & de Caliste, par Desvallottes. *Paris*, 1623. in 8. v. b. = Quatre Livres de l'amour de Francine, par J. Ant. de Baif. *Paris*. in 8. vel.

136 Les sept Pseaumes pénitenciales, traduits en vers françois, par P. de Nesson = Les Heures de Notre-Dame. Vigiles des morts, en vers françois. in 4. goth. v. f.

137 Le Château de Labour, avec les Feintises du monde. *Paris*, 1532. in 8. m. r. = Les Mines, enseignemens & proverbes de Baif. *Tournon*, 1619.

BELLES-LETTRES.

1619. in 24. vel. === Chansons spirituelles de Jean d'Ennetieres. *Lille*, 1620. in 12. v. m.

138 Le Labyrinthe de fortune, & Séjour des trois nobles Dames, par J. Bouchet. *Paris.* in 4.° goth. m. r.

139 Les Œuvres de Clément Marot. *Lyon*, 1538. in 18. goth. m. r. === L'Adolescence Clémentine. *Paris*, 1538. in 18. m. r.

140 Les contre-Epîtres d'Ovide, par Michel d'Amboyse. *Paris*, 1541. in 8. v. b. === Les joyeux Epigrammes de la Giraudiere. *Paris*, 1634. in 8. v. b. === Menagii Poemata. *Amstelodami, Elzevier*, 1663. in 12. v. b.

141 La Parfaite Amie, par Heroet de la Maison-Neuve. *Lyon*, 1542. in 12. vel. === Le Mespris de la Cour. *Paris*, 1555. in 18. v. b. === Pancharis, Jo. Bonefonii. 1592. in 12. v. b. === Madrigaux de la Sabliere. *Paris*, 1758. in 18. v. f.

142 Le Chant des Seraines, par Forcadel. *Paris*, 1548. in 18. v. f. === Les Métamorphoses françoises, par Regnault. *Paris*, 1641. in 18. m. r.

143 Le Défensoire de la Foi Chrétienne, contenant le miroir des Francs Taupins. *Rouen*, 1549. in 18. v. éc. === Description de la cité de Dieu. *Rouen*, 1550. in 18. v. m. === Le Combat du Fidele Papiste. *Rouen*, 1555. in 18. v. f.

144 Le Miroir de Marguerite de France, Reine de Navarre. in 8. vel. === Hecatomgraphie, contenant plusieurs Apophtegmes, Sentences, &c. *Paris*, 1543. in 8. v. f. === Recueil de Pieces en prose & en vers. *Cologne*, 1667. in 12. v. b.

145 La Bergerie, de Remy Belleau. *Paris*, 1572.

in 8. vel. = Les Cantiques du sieur de Maison-
fleur. *Paris*, 1584. in 12. m. v. Les Quatre
Parties du Jour. Poëme. 1771. in 8. vel.
146 Œuvres Poëtiques de Mellin de Saint-Gelais.
Lyon, 1574. in 8. v. f = Œuvres Poëtiques
de Jacq. Courtin de Cissé. *Paris*, 1581. in 12.
v. m. = Recueil de Sonnets, composés sur les
bouts-rimés, *Pan, Guenuche*, &c. *Paris*, 1683.
in 12. v. f.
147 Œuvres Poëtiques de Mellin de Saint-Gelais.
Lyon, 1574. in 12. v. b. = Recueil Chrétien,
où sont une Prophétie de Ste. Brigide, &c. *Paris*, 1611. in 8. vel. = La troisieme Centurie
des Sonnets du vieux Papiste. *Lyon*, 1611.
in 8. vel.
148 Œuvres Poëtiques de Mellin de Saint Gelais.
Paris, 1719. in 12. v. b. = La Magdeleine
au Désert de la Ste. Baume, Poëme, par le
P. Pierre de Saint-Louis. *Lyon*, 1700. in 12.
bas.
149 Six Chants des vertus, par de Trelon. *Paris*,
1587. in 12. v. f. = Œuvres de M. de Bouillon,
contenant l'Histoire de Joconde, le Mari com-
mode, &c. *Paris*, 1663. in 12. v. b. = Le
Ravage & Déluge des Chevaux de louage. *Paris*, 1578. in 12. v. b.
150 Rimes spirituelles, par César de Nostredame.
in 12. v. m. = Les Œuvres du Président Ni-
cole. *Paris*, 1662. in 12 v. f.
151 Le premier Livre des Poëmes de Jean Passe-
rat. *Paris*, 1602. in 12. v. f. = Theantropo-
gamie, en forme de Dialogues, par Marin le
Saulx. *Londres*, 1577. in 8. v. f. = Amours de
Catherine Scellés, & son tombeau, par Meli-

BELLES-LETTRES.

gloſſe. in 8. v. f. = Panegyrique des Damoiſelles. *Lyon*, 1545, in 8. br.

152 Les Cantiques du ſieur de Valagre. *Rouen*, 1613. in 12. v. ec. = Les loyales & pudiques Amours de Scalion de Virbluneau. *Paris*, 1599, in 12. fig. v. éc. = Poëſie de Mme. de Lauvergne. *Paris*, 1680. in 12 v. f.

153 La Magdeleine, (Poëme) de F. Remi de Beauvais, Capucin. *Tournay*, 1617. in 8. vel.

Ce Poëme eſt fort ſingulier.

154 La Belle Garde, par Seraud. *Lyon*, 1621. in 8. v. m. = La Fille du temps, par Laurent. *Lyon* 1630. in 8. v. m. = L'Eternité, par Olivier de la Trau. *Paris*, 1643. in 8. v. m.

155 Les Divertiſſements de Colletet. *Paris*, 1633. in 8. m. r. = Satyres Amoureuſes & Galantes. *Amſterdam*, 1721. in 12 v. m. = Le Grand Tombeau du Monde, par Serelier. *Paris*, 1628, in 8. v. éc.

156 Epigrammes du ſieur Colletet. *Paris*, 1653, in 12. v. m. = La Jeuneſſe d'Eſtienne Paſquier. *Paris*, 1610. in 8. v. b. = Epîtres ſur différents ſujets. *Londres*, 1753, 2 vol. in 12. v. m.

157 Moyſe ſauvé, Idylle de S. Amant. *Leidé*, 1654, in 12. v. b. = Emanuel ou Paraphraſe évangélique, par le Noir. *Amſterdam*, 1729. in 12. m. r. = Les Eglogues de Virgile, trad. en vers par Richer. *Rouen*, 1717. in 12. v. f. = Œuvres diverſes du ſieur de Bouillon. *Amſt.* 1714, 2 vol. in 12. v. f.

158 Moyſe ſauvé, Idylle de Saint-Amant. *Amſt.* 1664. in 12. vel. = Le Parnaſſe des Poëtes françois, par Gilles Corrozet. *Paris*, 1571,

BELLES-LETTRES.

in 8. vel. === Les Odes pénitentes du Moins que Rien. *Paris*, 1550. in 8. parch.

159 La Pucelle, Poëme, par Chapelain. *Paris*, 1656, in fol. fig. v. b. === Alaric ou Rome vaincue, Poëme, par Scudery. *Paris*, 1654. in fol. fig. v. b.

160 Le Vilebrequin de Maître Adam, Menuisier de Nevers. *Paris*, 1663. in 12. v. b. === Œuvres en vers, de M. l'Abbé de Villiers. *La Haye*, 1717 in 12. v. éc.

161 Valantins, Questions d'amour & autres Pieces galantes. *Paris*, 1669, in 12. m. bl. === Antonius de Arena, &c. *Londini*, 1758, in 12. v. m.

162 Œuvres de l'Abbé de Chaulieu. *Paris*, 1757, 2 vol. in 12. v. m. === Œuvres de M. le Franc de Pompignan. *Paris*, 1750, 2 vol. in 12. v. m.

163 Fables de la Fontaine, mises en chansons. *Paris*. in 18. fig. m. r. === Iconologie historique & généalogique des Souverains de l'Europe. *Paris*. in 18. fig. m. r.

164 Nouvelles en vers, par de la Fontaine. *Amst.* 1764, 2 vol. in 8. v. éc.

165 Voyage de Chapelle & Bachaumont. *Amst.* 1751, in 12. v. m. === Œuvres mêlées de M. de Rozoi. *Paris*, 1769, 2 vol. in 12. v. m.

166 Œuvres de Mme. & de Mlle. Deshoulieres. *Paris*, 1753, 2 vol. in 12. v. f. === Œuvres de Gresset. *Londres*, 1748, 2 vol. in 12. v. m.

167 La Magdeleine au Desert de la Sainte-Baume, par le P. Pierre de Saint-Louis. in 8. rel. en cart. === Marie-Magdeleine, Poëme, par Jean Desmarets. *Paris*, 1669. in 12. v. b. === La Sainte

BELLES-LETTRES.

Franciade. *Paris*, 1634, in 8. vel.
168 Poëfies françoifes de l'Abbé Regnier Defmarais. *La Haye*, 1721, in 12. v. b. = Le Paradis perdu de Milton, trad. en François. *La Haye*, 1762, in 12. fig. baf.
169 Œuvres de Vergier. *Laufanne*, 1752, 2 vol. in 12. v. m. = Œuvres diverfes de M. G***. *Londres*, 4 vol. in 12. v. m.
170 Œuvres de Rouffeau. *Londres*, 1753, 5 vol. in 12. v. m.
171 Harangues des Habitans de la Paroiffe de Sarcelles. *Aix*, 1733. in 12. v. b. = Les Vérités plaifantes, ou le Monde au naturel. *Rouen*, 1702. in 12. v. f.
172 L'Art d'aimer, par Bernard. in 8. fig. br. = La Petreade, ou Pierre-le-Créateur, par de Mainvilliers. *Amfterdam*, 1762. in 8. br.
173 L'Art d'aimer, nouveau Poëme. *Londres*, 1750. in 8. fig. v. m. = Eloge prononcé par la Folie. in 12. v. éc. = Amufements rapfodi-poëtiques. *Stenay*, 1773, in 12. v. m.
174 Pieces dérobées à un ami. *Amfterdam*, 1750, 2 vol. in 12. v. m. = Œuvres d'Etienne Pavillon. *Amfterdam*, 1750. 2 vol. in 12. v. m.
175 Paffe-temps Poëtiques, Hiftoriques & Critiques. *Paris*, 1757. 2 vol. in 12. v. m. = Les Divertiffemens de Seaux. *Paris*, 1712, 2 vol. in 12. v. éc.
176 Poëfies diverfes. (par Sa Majefté le Roi de Pruffe.) *Berlin*, 1760. in 4. v. m.
177 Œuvres de la Fargue. *Paris*, 1765, 2 vol. in 12. v. m. = Recueil de Poëfies, dont l'incendie de la Foire Saint-Germain, &c. 2 vol. in 8. v. m.

BELLES-LETTRES.

78 L'Eleve de Minerve, Poëme. *Paris*, 1765; 3 vol. in 12. v. m. = Les Heures de Récréation. *Paris*, 1740. in 12. v. m.

179 Les Sens, Poëme. *Londres*, 1766. in 8. fig. v. m. = Richardet, Poëme. *Paris*, 1766, in 8. v. m.

180 Poëfies de M. Helvétius. *Londres*, 1781. in 18, m. bl. = Opufcules de M. le Chevalier de Parny. *Londres*, 1781. in 18. v. éc.

181 Contes mis en vers par un petit Coufin de Rabelais. *Paris*, 1775. in 8. v. m. = Le petit Neveu de Boccace, ou Contes nouveaux en vers. *Avignon*, 1781. in 8. rel. en cart.

182 Contes mis en vers par un petit Coufin de Rabelais. *Paris*, 1775, in 8. fig. v. m.

183 Fables nouvelles, par M. de Saint-Marcel. *Paris*, 1778. in 8. br. = Choix des plus belles Fables qui ont paru en Allemagne, imitées en vers françois, par Buininger 1782. in 8. br.

184 Les Jardins, ou l'Art d'embellir les Payfages, Poëme, par M. l'Abbé Delille. *Paris*, 1782. in 8. fig. br.

185 Ramounet, ou lou Payzan Agenez, Tournot de la Guerro, Paftouralo. *Agen*, 1684, in 8. v. b. = Recueil de Poueſies Prouvençales. *Marſeille*, 1734. in 8. v. m. = L'embarras de la Fieiro de Beaucaire, en vers burlefques, par Jean-Michel. *Amſterdam*, 1700. in 8. v. f. = Les Folies du fieur le Sage. *Amſterdam*, 1700. in 12. v. b.

186 Hiftoire du Théâtre françois, par Parfait. *Amſterdam*, 1735, 15 vol. in 12. v. m.

187 Abrégé de l'Hiftoire du Théâtre françois, par le Chevalier de Mouhy. *Paris*, 1780, 3 vol. in 8. v. m.

BELLES-LETTRES.

188 Le Théâtre de Quinault. *Paris*, 1715, 5 vol. in 12. fig. v. m.

189 Œuvres de Moliere. *Amsterdam*, 1750, 4 vol. in 12. baf. avec les jolies figures de Punt.

190 Œuvres de Racine. *Paris*, 1750, 3 vol. in 12. v. f.

191 Œuvres de Pradon. *Amsterdam*, 1695. in 12. v. b. — Les Amours de Merlin, Comédie. *Rouen*, 1691. in 12. v. f. — Le Mariage précipité, Comédie. *Utrecht*, 1713. in 8. v. f. — Alphonfe, dit l'Impuiffant, Tragédie. 1740. in 12. v. m.

192 Théâtre de Haute-Roche. *Paris*, 1669. in 12. v. f. = Œuvres de Pafferat. *Brux.* 1695. in 12. en cart. — Théâtre de Bret. *Paris*, 1765. in 12. v. m. — La Genéreufe Allemande, trag. com. par Marefchal. *Paris*, 1631. in 8. v. m.

193 Œuvres de Champmeflé. *Paris*, 1742, 2 vol. in 12. v. m. — Théâtre de la Thuillerie. *Amsterdam*, 1745. in 12. v. m. — Théâtre de Poinfinet de Sivry. *Paris*, 1773. in 12. v. m.

194 Les Œuvres de Dancourt. *Paris*, 1711. 9 vol. in 12. v. b.

195 Le Théâtre de Baron. *Paris*, 1759. 3 vol. in 12. v. m.

196 Théâtre de Brueys & de Palaprat. *Paris*, 1755. 5 vol. in 12. v. m.

197 Œuvres de Dufrefny. *Paris*, 1779. 4 vol. in 12. v. m.

198 Les Œuvres de Regnard. *Bruxelles*, 1711. 2 vol. in 12. fig. v. b. = Œuvres de Campiftron. *Paris*, 1731. 2 vol. in 12 v. m. = Œuvres de Pafferat. *Bruxelles*, 1695. in 12. baf.

199 Théâtre de la Grange Chancel. *Amsterdam*,

BELLES-LETTRES.

1703. in 12. v. b. === Théâtre de Peſſelier. *Paris*, 1742. in 8. v. m. === Les Eaux de Millefleurs, Comédie Ballet, in 12. v. b. --- Adonis, Tragédie de G. le Breton. *Paris*, 1607. in 12. v. f.

200 Œuvres de la Grange-Chancel. *Paris*, 1742. 3 vol. in 12. v. m.

201 Théâtre de le Sage. *Paris*, 1739. 2 vol. in 12. v. f.

202 Œuvres de le Grand. *Paris*, 1770. 4 vol. in 12. v. m.

203 Œuvres de la Chauſſée. *Amſterdam*, 1754, 2 vol. in 12. v. m. === Les Œuvres de Poiſſon. *Paris*, 1687. in 12. v. b. === Théâtre de Mlle. Barbier. *Paris*, 1745. in 12. v. m.

204. Théâtre de Mercier. *Amſterdam*, 1778. 3 vol. in 12. v. m.

205 Le Théâtre Italien de Gherardi. *Paris*, 1700. 6 vol. in 12. v. b.

206 Œuvres de Romagneſi. *Paris*, 1772. 2 vol. in 8. v. m.

207 Hiſtoire du Théâtre de l'Opéra-Comique. *Paris*, 1769. 2 vol. in 12. v. m.

208 Le Théâtre de la Foire, par le Sage & d'Orneval. *Paris*, 1737. 10 vol. in 12. v. m.

209 Le Divin Arioſte, ou Roland Furieux, trad. par de Roſſet. *Paris*, in 4. fig. v. b.

210 Geruſalemme liberata di Torquato Taſſo. *In Roma*, 1607. in 24. fig. vel. === Il Paſtor fido, di Bat. Guarini. *in Amſterdamo, Elzevier*, 1640. in 24. fig. vel. === Pietra del paragone politico, di T. Boccalini. 1640. in 24. vel.

211 La Hieruſalem délivrée, trad. en vers françois. *Paris*, 2 vol. in 18. fig. v. m. === Les Amours de Venus & d'Adonis, Poëme du Ca-

BELLES-LETTRES.

valier Marin. *Paris*, 1668. in 12. v. m.

212 Le Berger fidele, trad. de Guarini, en vers françois. *Cologne*, 1677. in 12. fig. vel. — Le Dedain Amoureux, Paftorale, en Italien & en François. *Paris*, 1603. in 12. v. b.

213 Recueil de différents Myfteres, fçavoir : Le Miroir du Monde, joué par une Compagnie bourgeoife, à Bafle, en 1550. En 6 actes = Le Nouveau & Plaifant jeu de la naiffance d'Adam & d'Eve, joué par une Société bourgeoife, à Zurich, en 1550. = Le Beau & Nouveau jeu de la Vendition de Jofeph, tiré de la Bible, en 1549. in 8. fig. en bois, en Allemand. Fort Rare.

214 Tableaux du Temple des Mufes, deffinés par Diepembeck, & gravés par Bloemart, & autres, avec les defcriptions, par l'abbé de Marolles. *Paris*, 1655. in fol. v. b.

215 La Plaifante & Joyeufe Hiftoire du grand géant Gargantua. *Valence*, 1547. in 18. v. b. = Atefta Amorum. *Parifiis*, 1544. in 8. v. b. = Lettres de Canacée. in 12. m. v.

216 Rabelais reffufcité, récitant les faits du très valeureux Grangofier, Roi de Place vuide. *Paris*, 1614, in 12. v. m. = Les Aventures Provinciales, ou le Voyage de Falaize, par le Noble. *La Haye*. in 12. rel. en cart = Le Voyage de Groflé, ou la furprife des Habitans de Sarcelle. *Aix*, 1740. in 12. baf.

217 Le Rabelais moderne, ou les Œuvres de Rabelais mifes à la portée de la plupart des Lecteurs. *Amfterdam*, 1752. 8 vol. in 12. br.

218 Les grands & merveilleux faits du Seigneur Nemo. (par Jean d'Abondance. in 8. goth. v. f.

BELLES-LETTRES.

Les Jeux de Calliope. *Londres*, 1776, in 8. fig. v. m. = Pieces échappées du feu. *Plaisance*, 1717. in 12. v. f.

219 Les Bigarrures & Touches du Seigneur des Accords. in 8. v. b.

220 Les Œuvres de Bruscambille. *Rouen*, 1622 in 12. parch.=Les Fantaisies de Bruscambille. *Paris*, 1615. in 8. vel.

221 Les Tours de Mtre. Gonin. *Paris*, 1713. 2 vol. in 12. fig. v. b. = Du Bonheur & du Malheur du Mariage, par de Mainville. *La Haye*, 1684. in 12. v. b.

222 Les Chats, par Montcrif. *Paris*, 1727. in 8. v. b. = Histoire des Rats. *Ratopolis*, 1738. in 8. br. = Deux Traités très utiles, le premier touchant les Sorciers; le second, Remontrances sur les cartes & les dez. 1579. in 12. v. m.

223 L'Art de desopiler la rate. *Venise*. 2 vol. in 12. v. éc.

224 Contes & Nouvelles de Boccace. *Londres*, 1744. 2 vol. in 12. v. m. = Les Cent Nouvelles Nouvelles. *Londres*, 1744. 2 vol. in 12. v. m.

225 Contes Moraux, par M. Marmontel. *Paris*, 1765. 3 vol. in 8. fig. v. éc.

226 Contes Philosophiques & Moraux, par M. de la Dixmerie. *Paris*, 1769. 3 vol. in 12 vel. = Naufrages des Isles flottantes, ou Basiliade de Pilpai. *Messine*, 1753. 2 vol. in 12. br.

227 Le Livre de l'Arbre des batailles, par Honoré Bonhor. in fol.

MANUSCRIT sur Papier, du XV. siecle, en *ancienne bâtarde*, contenant 224 feuillets.

BELLES-LETTRES.

228 Ah quel Conte, par Crébillon le Fils. *Brux.* 1754. 4 vol. in 12. v. m.

229 Les Amours de M^{de}. d'Elbeuf, Nouvelle Historique, contenant plusieurs anecdotes du Cardinal de Richelieu. *Amsterdam*, 1739. in 8. v. m.

230 Amours des Dames illustres de France, sous le regne de Louis XIV. *Cologne*, 2 vol. in 12. fig. bas.

231 Annales Galantes de Lorraine. *Cologne*, 1682. in 12. v. b. = L'Ombre de Charles V, Duc de Lorraine, consulté sur l'état présent des affaires de l'Europe. *Cologne*, 1693. in 12. vel. = Mémoires de M^{de}. la Duchesse de Mazarin. 1675. in 12. v. f.

232 Les Aventures d'Abdalla, fils d'Hanif. *Paris*, 1713. in 12. fig. v. m. = Mémoires Galants, par Bremond. *Amsterdam*, 1680. in 12. v. m. = Dialogue entre le Diable boiteux & le Diable borgne, par le Noble. *Amsterdam*, 1708. in 12. v. b.

233 Les Aventures de Télémaque, par M. de Fénélon. *Londres, Dodsley*, 1738. 2 vol. in 8. reliure angloise.

LIVRE fort rare même à Londres; il est très bien exécuté & orné des belles figures que B. Picart a faites pour l'édition in fol. & qui ont été réduites pour cette édition.

234 Les Aventures d'Ismene & d'Ismenie, trad. d'Eustathius, par Colletet. *Paris*, 1625. in 8. vel. l. r.

235 Le Bachelier de Salamanque, par le Sage. *Paris*, 1767. 3 vol. in 12. fig. v. m. = La Vie de Lazarille de Tormes. *Bruxelles*, 1713. in 12.

BELLES-LETTRES.

v. éc. = L'Ecueil de la vie, ou les Amours du Chevalier de ***. *Francfort*, 1742. in 12. v. f.

236 Le Comte de Valmont, ou les égaremens de la raison. *Paris*, 1777. 5 vol. in 12. v. m.

237 La Comtesse de Candale. *Paris*, 1672. in 12. v. m. = La Métamorphose du Vertueux, trad. de Selva, par Baudouin. *Paris*, 1611. in 8. v. f. = Dialogue des Vivants. *Paris*, 1717. in 12. v. b.

238 Les Confidences réciproques. *Bergopzoom*, 3 vol. in 12. v. f.

239 Les Conquestes amoureuses du grand Alcandre, dans les Pays-Bas. *Cologne*, 1684. in 12. v. b. = Les Amours de Mademoiselle avec le Comte de Lauzun. *Cologne*. in 12. vel. = Mémoires secrets, ou les Aventures comiques de plusieurs grands Princes de la cour de France, par Mde. d'Aulnoy. *Paris*, 1696. in 12. vel.

240 Contes de Cour, tirez de l'ancien Gaulois, par le Chevalier de Mouhy. *Londres*, 1740. 8 tom. rel. en 4 vol. in 12. v. m.

241 Les Contes des Fées, par Mde. d'Aulnoy. *Amsterdam*, 1766. 8 vol. in 12. v. m.

242 Contes Mogols. *Paris*, 1732, 3 vol. in 12. v. b. = Œuvres Poëtiques de la Pujade. *Paris*, 1604. in 12. v. éc.

243 Les Délices du Sentiment, par le Chevalier de Mouhy. *Paris*, 1753. 6 vol. in 12. v. m.

244 Les Désordres de la Bassette. *Paris*, 1682. = Contes de Fées, par Mde. de Murat. *Paris*, 1698. in 12. v. m. = La Duchesse d'Estramene. *Paris*, 1682. in 12. v. m. — Les différents caracteres de l'Amour. *Paris*, 1685. = Nou-

BELLES-LETTRES.

velles Galantes & Aventures du temps. *Paris*, 1697. in 12. v. m.

245 Le Diable boiteux, par le Sage. *Paris*, 1727. 2 vol in 12. v. b. === L'Eloge de la Folie, trad. d'Erasme, par Gueudeville. 1752. in 12. fig. v. m.

246 L'Ecole des Filles, ou Mémoires de Constance. *Londres*, 1753. 2 vol. in 12. v. m. === Soirées du bois de Boulogne. *La Haye*, 1754, 2 vol. in 12. v. m.

247 L'Ecole des Peres, par M. Retif de la Bretonne. *Paris*, 1776. 3 vol. in 12. br. === La Chrysolite, ou le Secret des Romans, par Maréchal. *Paris*, 1627. in 8. parch.

248 L'Esté de Benigne Poissenot. *Paris*, 1583. in 18. v. f. === Le Printemps d'Yver, par J. Yver. *Paris*, 1584, in 18. vel.

249 La France Galante, ou Histoires amoureuses de la cour. *Cologne*, 1709. in 12. v. b. === Histoire amoureuse des Gaules. in 12. v. b.

250 Les Galanteries de M. le Dauphin & de la Comtesse de Roure. *Cologne*, 1696. in 12. rel. en cart. === Mahmoud le Gasnevide. *Rotterdam*, 1729. in 8. v. f.

251 L'Héroïne travestie, ou Mémoires de la vie de Mlle. Delfosses. *Paris*, 1695. in 12. v. b. === Les illustres Fées, par Mde. d'Aulnoy. *La Haye*, 1698. in 12. v. b. === Amelonde. *Paris*, 1669. in 12. v. f. === Le Théâtre Espagnol. *La Haye*, 1700. in 12. v. f.

252 Hiacynte ou le Marquis de Celtas Dirorgo. *Amsterdam*, 1731. 2 vol. in 12. fig. v. m. === Histoire de la vie du Marquis d'Ozanne. *Amst.* 1740. 2 vol. in 12. v. b.

253 Histoire de Roland l'Amoureux, trad. du Boyardo par du Chrest. *Paris*, 1574. in 8. v. f. === Roland Furieux, trad. de l'Arioste, par Chappuys. *Lyon*, 1577. in 8. v. f.

254 Histoire des amours de Poliphile & de Damis. *Paris*, 1602. in 12. v. m. === La Sage Folie de Spelte, trad par Garon. *Lyon*, 1628. in 12 vel. === Le Philocope de Jean Boccace, trad. par Sevin. *Paris*, 1575. in 18. v. éc. === Discours touchant la vraie amitié. *Lyon*, 1577. in 18. vel.

255 Histoire des amours du Maréchal Duc de Luxembourg. *Cologne*, 1695. in 12. br. === Histoire des amours du Maréchal de Boufflers. *Paris*, 1696. in 12. v. b. === L'Esprit de Luxembourg. *Cologne*, 1693. in 12. br.

256 Histoire du Chevalier du Soleil. *Paris*, 1780. 2 vol. in 12. v. m. === Traduction libre d'Amadis de Gaule, par M. de Tressan. *Paris*, 1780. 2 vol. in 12. v. m. === Les Hauts faits d'Esplandian. *Amsterdam*, 1751. in 12. v. m.

257 Les illustres Françoises. *La Haye*, 1775. 4 vol. in 12. v. m.

258 La jeune Alcidiane, par Mde. de Gomez. *Amsterdam*, 1739. 2 vol. in 12. v. m. === Les Aventures du Comte de Rosmond. *Amsterdam*, 1737. 2 vol. in 12. v. m.

259 Les Journées amusantes, par Mde. de Gomez. *Amsterdam*, 1736. 8 vol. in 12. br.

260 Le Jugement d'Amour, auquel est raconté l'Histoire de Isabelle, fille du Roi d'Ecosse. in 8. goth. v. f.

261 Le Labyrinthe d'amour de J. Boccace, trad. en françois. *Paris*, 1571. in 18. v. éc. === Les

BELLES-LETTRES.

Serées de Guillaume Bouchet. 1588. in 18. v. b.

262 Lettres Angloises, ou Histoire de Miss Clarisse Harlowe, par Richardson. *Paris*, 1766. 13 vol. in 12. br.

263 Mémoires de Cecile, par M. de la Place. *Paris*, 1752. 4 tom. rel. en 2 vol. in 12. v. m. Les Aventures de Melidor & d'Amasie. *Paris*, 1635. in 8. v. m.

264 Mémoires de Mde. du N. *Cologne*, 1711. 3 vol. in 12. v. m.═Lettres de Ninon de l'Enclos. *Amsterdam*, 1752. 3 vol. in 12. v. m.

265 Les Mille & un Jour, Contes Persans, trad. par Petit de la Croix. *Paris*, 1766. 5 vol. in 12. v. éc.

266 Les Mille & une Nuit, Contes Arabes, trad. par Galland. *Paris*, 1747. 6 vol. in 12. v. m.

267 Les Mille & une Heure, Contes Péruviens. *Amsterdam*, 1734. 2 vol. in 12. v. m. ═ Histoire pitoyable du Prince Erastus. *Paris*, 1587. in 18. vel.

268 Les Mille & un Quart-d'heure, Contes Tartares. *Paris*, 1723. 3 vol. in 12. fig. v. b.

269 Les Mille & une Folie, Contes François. *Paris*, 1771. 4 vol. in 12. v. éc.

270 Nouvelle traduction de Roland l'Amoureux, de Boyardo. *Paris*, 1721. 2 vol. in 12 fig. v. b. ═ Roland furieux, trad. de l'Arioste. *Paris*, 1720. 2 vol. in 12 fig. v. b.

271 Les Nouvelles Françoises, ou les Divertissements de la Princesse Aurelie. par de Segrais. *Paris*, 1722. 2 vol. in 12. v. b. ═ Aventures Galantes de Themicour. *Paris*, 1701 in 12. v. f.

272 Nouvelles Lettres Angloises, ou Histoire du

BELLES-LETTRES.

Chevalier Grandisson, par Richardson. *Amst.* 1766. 8 vol. in 12. br.

273 Le Page disgracié, par Tristan l'Hermite. *Paris*, 1667. 2 vol. in 12. v. éc. = La Saxe Galante. *Amsterdam*, 1734. 2 tom. en 1 vol. in 12. v. b.

274 Le Paysan parvenu, par de Marivaux. *La Haye*, 1737. 2 vol. in 12. v. f. = La Paysanne parvenue, par le Chevalier de Mouhy. *Amst.* 1738. 2 vol in 12. v. f.

275 Polexandre, par de Gomberville. *Paris*, 1637, 5 vol. in 8. v. m.

276 Recueil de Romans historiques. *Londres*, 1747. 8 vol. in 12. v. m.

277 Le Roman des Romans, par du Verdier. *Paris*, 1626, 7 vol. in 8. & in 4. v. b. & parch.

278 Les Romans de Jean P. Camus, Evêque de Belley. 61 vol. in 8. & in 12.

279 Les Romans de l'abbé de Voisenon. *Londres*, 1767. 2 vol. in 12. v. m. = Mémoires de Milady B. *Paris*, 1760. 2 vol in 12. v. m.

280 Sapor, Roi de Perse, par du Perret. *Paris*, 1668. 5 vol. in 12. v. f.

281 Le Toledan. *Paris*, 1647. 5 vol. in 8. parch.

282 Tom Jones, ou l'Enfant trouvé, imitation de Fielding, par M. de la Place. *Paris*, 1767. 4 vol. in 12. fig. v. m.

283 Zayde, Histoire Espagnole, par M. de Segrais. *Paris*, 1764. 2 vol. in 12. v. m. = Les amours d'Arcan & de Belise. *Leyde*, 1714. in 12. v. f. = Mémoires & Aventures du Baron de Puineuf. *La Haye*, 1737. in 12. v. m.

BELLES-LETTRES.

284 L'Introduction au Traité de la conformité des merveilles anciennes avec les modernes. *Sur les Halles.* 1607. in 8. parch.

285 La Louange de la Folie, trad. d'Erasme, par Petit. *Paris*, 1670. in 12. m. r. = Critique de la Charlatanerie. *Paris*, 1726. in 12. v. b. = Observations sur la composition & sur la lecture des Livres. *Paris*, 1668. in 12. m. r.

286 L'Eloge de la Folie, trad. d'Erasme par Gueudeville. *Leyde*, 1713. in 12. fig. v. b. = Histoire comique de Francion. *Leyde*, 1721. 2 vol. in 12. fig. v. b.

287 Les Tromperies de ce siecle, par de Ganés. *Paris*, 1639. in 8. v. b. = Nouveau Théâtre du Monde, par Bordelon. *Paris*, 1694. in 12. v. f. = Métaphysique d'amour. *La Haye*, 1729. in 12. rel. en cart.

288 Le grand Dictionnaire des Précieuses, par de Somaize. *Paris*, 1661, 3 vol. in 8. vel.

289 Contramours. L'Anteros, ou Contre-amour de Baptiste Fulgose. *Paris*, 1581. in 4. parch.

290 Le Tableau des Piperies des Femmes mondaines. *Paris*, 1633. in 12. parch.

291 Le Caquet de l'Accouchée. 1622. 2 vol. in 8. v. b.

292 Recueil général des Caquets de l'Accouchée. 1623. in 8. m. r.

293 Les Dits moraux des Philosophes, & les Proesses du vaillant Alexandre *Paris*. in 4. goth. v. m.

294 Les Sentences de Marc T. Cicéron, trad. par G. Gueroult. *Lyon*, 1550. in 8. v. b. = Œuvres de Pavillon. *Utrecht*, 1731. in 12. v. m. = La Muse nouvelle, par de Lorme. *Lyon*, 1665. in 12. v. m.

C

BELLES-LETTRES.

295 L'Institution de vertu, contenant plusieurs Sentences, &c. par P. Habert. *Paris*, 1556. in 18. v. m. = Trésor de Sentences dorées, Proverbes, &c. par Gab. Meurier. *Rouen*, 1579. in 18. v. m. = Recueil des énigmes de ce temps, par Ch. Cotin. *Rouen*, 1655. in 18. v. m.

296 Proverbes en Rimes, ou Rimes en Proverbes, par le Duc. *Paris*, 1665. 2 vol. in 12. v. b. = Emblêmes de l'amour divin. *Paris*. in 12. fig. v. b.

297 Bibliotheque de Cour, de Ville & de Campagne, par Gayot de Pittaval. *Paris*, 1746, 6 vol in 12. v. b.

298 Recueil de différents Livres, publiés sous le nom d'Ana. 25 vol. in 12.

299 Poggiana, ou la Vie, les Sentences & les Bons mots de Pogge. *Amsterdam*, 1720. 2. vol. in 12. v. b. = Ducatiana. *Amsterdam*, 1738. 2 vol. in 12. v. f.

300 Menagiana, ou Bons mots de M. Menage. *Amsterdam*, 1713. 4 vol. in 12. br.

301 Pia desideria aut. Hermanno Hugone. *Antverpiæ*, 1636. in 24. fig. vel = Pietra di Paragone Politico, di T. Boccalini. 1664. in 24. fig. bas.

302 Les Emblêmes d'amour divin & humain. *Paris*, in 8. fig. v. b. = Les Emblêmes d'Alciat. *Paris*, 1540. in 8. fig. v. b. = Quadrins Historiques de la Bible. *Lyon*, 1553. in 8. fig. v. b.

303 Emblêmes d'Alciat. *Lyon*, 1549. in 8. v. f. = Le Paradis Terrestre, ou Emblêmes sacrés. *Paris*, 1655. in 8. fig. v. b. = Figures de la Bible. *Lyon*, 1582. in 8. fig. v. b.

304 Emblêmes sur les actions, perfections &

BELLES-LETTRES.

mœurs du Segnor Espagnol. *Mildelbourg*, 1608. in 8. fig. == Rodomontades Espagnoles. *Rouen*, 1612. == La Science de l'Art, & Industrie naturelle d'enfanter. *Paris*, 1587. in 8. v. f.

305 Recueil de diverses pieces manuscrites, en vers & en prose. 27 vol. in 4. & in 8.

306 Recueil de pieces sur différents sujets. 12 vol. in 12. baf.

307 Mémoires de Littérature, par Sallengre. *La Haye*, 1715. 4 vol. in 8. v. m.

308 Mémoires historiques, politiques, critiques & littéraires, par Amelot de la Houssaye. *Amst.* 1722. 2 vol. in 12. v. b. == Le Porte-feuille Amusant. *Paris*, 1773. in 12. v. m.

309 Mêlanges d'Histoire & de Littérature, par Vigneul de Marville. *Paris*, 1725. 3 vol. in 12. v. b.

310 Mémoires politiques, amusants & satyriques. *Veritopolie*, 1735. 3 vol. in 12. fig. br.

311 Amusements littéraires, où Correspondance politique, historique, &c. par de la Barre de Beaumarchais. *La Haye*, 1741. 3 vol. in 12. v. m.

312 Variétés sérieuses & amusantes, par M. Sablier. *Paris*, 1769. 4 vol. in 12. v. m.

313 Essais de Michel de Montaigne. *La Haye*, 1727. 5 vol. v. b. == Journal du Voyage, du même. *Paris*, 1774. 2 vol. in 12. v. m.

314 Opuscules françoises des Hotmans. *Paris*, 1616. 2 vol. in 8. v. f.

315 Œuvres de Scarron. *Amsterdam*, 1737. 10 tom. rel. en 5 vol. in 12. fig. v. b.

316 Œuvres diverses de M. de la Fontaine. *Paris*, 1744. 4 vol. in 12. v. m.

317 Recueil de Pieces galantes, en prose & en

BELLES-LETTRES.

vers, par Mde. de la Suze & Peliſſon. *Lyon*, 1695, 4 vol. in 12. v. m.

318 Œuvres mêlées de Saint-Evremond. *Amſt.* 1706. 7 vol. in 12. v. b.

319 Œuvres de Saint-Evremond. *Londres*, 1725. 7 vol. in 12. baſ.

320 Œuvres de M. de Fontenelle. *Paris*, 1758, 10 vol. in 12. v. m. === L'Eſprit de Fontenelle. *La Haye*, 1744. in 12. v. m.

321 Œuvres diverſes du Marquis d'Argens. 28 vol. in 12. rel. & br.

322 Œuvres d'Alexis Piron. *Paris*, 1776. 7 vol. in 8. v. m.

323 Œuvres complettes de M. Saint-Foix. *Paris*, 1778. 6 vol. in 8. fig. v. m.

324 Œuvres diverſes de M. d'Arnauld. *Berlin*, 1751. 3 vol. in 12. v. m. === Poëſies du P. du Cerceau. *Paris*, 1760. 2 vol. in 12. v. m.

325 Obras de Don Franciſco de Quevedo. *en Amberes*, 1699. 2 vol. in 4. fig. vel.

326 Œuvres du Comte Ant. Hamilton. *Londres*, 1776. 6 vol. in 12. v. m.

327 Œuvres diverſes de Pope. *Vienne*, 1761, 7 vol. in 12. fig. v. éc.

328 Lettres de Mde. de Sévigné. *Leyde*, 1736, 6 vol. in 12. baſ.

329 Lettres hiſtoriques de Peliſſon. *Paris*, 1729. 3 vol. in 12. v. m.

330 Lettres hiſtoriques & galantes, par Mde. du Noyer. *Cologne*, 1708. 7 vol. in 12. baſ.

331 Lettres de Rouſſeau. *Geneve*, 1750, 5 vol. in 12. v. m.

332 Lettres d'amour d'une Religieuſe Portugaiſe. *La Haye*, 1688. in 12. vel. === Les Bigarrures

BELLES-LETTRES.

du Seigneur des Accords. *Rouen*, 1595. in 12. vel. == Encyclopédie Lilliputienne, ou petits chefs-d'œuvres d'éloquence. *Paris*. in 24. v. éc.

333 Lettres d'une Péruvienne, par Mde. de Grafigny. *Paris*, 1752. 2 vol. in 12. v. m. == Pensées du Comte d'Oxenstirn. *La Haye*, 1749, 2 tom. rel. en 1 vol. in 12. v. f.

334 Lettres & Mémoires du Baron de Pollnitz. *Amsterdam*, 1737, 5 vol. in 12. br.

335 Lettres du Baron de Bielfeld. *La Haye*, 1763, 2 vol. in 12. baf.

HISTOIRE.

336 MÉTHODE pour étudier l'histoire, par l'abbé Lenglet du Fresnoy. *Paris*, 1772. 15 vol. in 12. v. f.

337 Histoire de la Navigation de J. Hug. de Linschot. *Amsterdam*, 1619. in fol. fig. v. m.

338 Le Voyageur françois, par l'abbé de la Porte. *Paris*, 1765. 28 vol. in 12. v. m.

339 Histoire des différents peuples du monde, par M. Contant Dorville. *Paris*, 1770. 6 vol. in 8. v. m.

340 Le Miroir historial, par Vincent de Beauvais. *Paris*, 1531. 5 vol. in fol. goth. vel.

341 Compendium historial, translaté de latin en françois. *Paris*, *Verard*, 1509. in fol. goth. v. éc.

342 Le Promptuaire de tout ce qui est advenu plus digne de mémoire, depuis la création du

HISTOIRE.

monde jusqu'à présent, par d'Ongois. *Paris*, 1579. in 18. v. f. === Recueil historique, contenant diverses pieces curieuses de ce temps. *Cologne*, 1666. in 12. v. b.

343 Histoire Universelle de Jacques-Auguste de Thou. *La Haye*, 1740. XI vol. in 4. v. b.

344 Le premier volume de Orose, translaté de latin en françois. *Paris*. in fol. goth. v. b.

345 Chronica sive Historia Monasterii S^{ti}. Bertini. in fol.

MANUSCRIT du XVII siecle, sur papier, contenant 84 feuillets.

346 Histoire de la Papesse Jeanne, par Spanheim. *La Haye*, 1738. 2 vol. in 12. fig. v. m.

347 Histoire des Ordres Royaux de Notre-Dame du Mont-Carmel & de S. Lazare, par M. Gautier de Sibert. *Paris*, 1772. in 4. v. éc.

348 Les Statuts de l'Ordre de S. Michel. in 4. velours bl.

MANUSCRIT sur Vélin, du XV siecle, décoré de lettres initiales, peintes en or & en couleurs.

349 Gallonius de Martyrum cruciatibus, cum figuris Tempestæ. *Parisiis*, 1660. in 4.

350 Mémoires pour servir à l'histoire de la Fête des Foux, par du Tillot. *Lauzanne*, 1751. in 8. fig. v. m. === Emblêmes d'Alciat, trad. en vers françois. *Lyon*, 1549. in 8. fig. v. f.

351 Lacédémone ancienne & nouvelle, par la Guilletiere. *Paris*, 1676. 2 vol. in 12. br.

352 Observations sur l'Italie & sur les Italiens. *Londres*, 1770. 4 vol. in 12. v. m.

353 Recentis Romæ iconographia. in fol. fig. gr. pap. v. b.

HISTOIRE.

354 Nuova raccolta delle piu belle vedute di Roma. *in Roma*, 1758. in 4. obl. br.

40 Pieces.

355 La Mer des Chroniques, & Miroir Hiftorial de France, par Rob. Gaguin. *Paris*, 1518. in fol. goth. v. b.

356 Les Œuvres de Claude Fauchet. *Paris*, 1610. in 4. v. b.

357 Abrégé chronologique de l'hiftoire de France, par Mezeray. *Paris*, 1668. 3 vol. in 4. v. f.

358 Hiftoire de France, par Chalons. *Paris*, 1720. 3 vol. in 12. v. b.

359 Hiftoire de France, par MM. Velly, Villaret & Garnier. *Paris*, 1761. 28 vol. in 12. v. m.

360 Chronique abrégée des faits, geftes & vies des Rois de France, avec leurs effigies. *Lyon*, 1555. in 8. v. f.

361 Les anciennes & modernes Généalogies des Rois de France. *Poitiers*, 1537. in 8. goth. v. m. == La Biographie & Profographie des Rois de France. in 8. v. m. == Les Antiquités de Paris, par Jean Rabel. *Paris*, 1588. in 8. fig. v. f.

362 Les Effigies des Rois de France, tant antiques que modernes. *Paris*, in 4. baf. == Portraits des Rois de France, gravés par Larmeffin. in 4. v. b.

363 L'hiftoire du Maréchal de Boucicaut. *Paris*, 1699. in 12. v. b. == Mémoires du Maréchal Duc de Navailles. in 12. == Mémoires de Henry dernier Duc de Montmorency. *Paris*, 1666, in 12. v. b.

364 Hiftoire du Siege d'Orléans & de la Pucelle

HISTOIRE.

Jeanne, par Dubreton. *Paris*, 1631. in 8. vel. === Les Hermaphrodites. in 12. v. éc. === L'Anti-Hermaphrodite. *Paris*, 1606. in 8. v. b.

365 Histoire de Louis XI, par Duclos. *La Haye*. 1750. 3 vol. in 12. v. m.

366 Mémoires de Comines, avec les notes de Godefroy. *Bruxelles*, 1706. 4 vol. in 8. v. b.

367 Le Siége de Poitiers, par Liberge. *Poitiers*, 1570. in 4. vel. === Les Observations de diverses choses marquées sur l'Etat, Peuple & Couronne de France, par Regnault Dorléans. *Vennes*, 1597. in 4. vel.

368 Recueil de différentes pieces détachées sur l'histoire de France, au nombre de 700 à 800. in 8. & in 12.

369 La France Turquie, c'est-à-dire, conseils & moyens pour réduire le Royaume en tel état que la Tyrannie turquesse. *Orléans*, 1576. in 8. === Lunettes de cristal de roche, &c. *Orléans*, 1576. in 8. non relié.

370 La Légende de Mtre. Jean Poisle, Conseiller en la Cour de Parlement de Paris, contenant quelques Discours de sa vie, actions, déportements, &c. 1576. in 8. non relié.

371 Le Miroir des François, par de Montaud. 1582. in 8. vel.

372 Histoire d'Henri IV, par M. de Bury. *Paris*, 1765. 2 vol. in 4. v. m.

373 Mémoires de la Ligue. *Amsterdam*, 1758. 6 vol. in 4. v. m.

374 Le Banquet & Après-dînée du Comte d'Arete. *Paris*, 1594. in 8. rel. en parch. === La

HISTOIRE.

Vie & Faits notables de Henry de Valois. *Paris*, 1589. in 8. v. b.

375 Histoire du regne de Louis XIII, par le Pere Griffet. *Paris*, 1758. 3 vol. in 4. v. m.

376 Recueil des Pieces les plus curieuses, qui ont été faites pendant le regne du Connétable de Luyne. 1628. in 8. v. éc.

377 Recueil des Mémoires, Relations, Raisonnemens, Manifestes & Discours politiques du feu Duc de Rohan. in fol.

MANUSCRIT sur Papier, du XVII siecle, de 451 pages.

378 Histoire du regne de Louis XIV, par Reboulet. *Avignon*, 1742. 3 vol. in 4. v. m. avec les portraits d'Odieuvre.

379 Histoire Militaire du regne de Louis-le-Grand, par le Marquis de Quincy. *Paris*, 1726. 7 vol. in 4. fig. v. b.

380 Recueil de trente Pieces les plus rares, extraites des Mazarinades. in 4. non relié.

Sçavoir :

Agréable Récit de ce qui s'est passé aux dernieres Barricades de Paris. En vers burlesques. *Paris*, 1649.

Apologie pour Malefas. En vers.

La Bouteille cassée, attachée avec une fronde à Mazarin. Satyre divertissante, en vers. *Paris*, 1652.

La Custode de la Reine, qui dit tout. En vers. Cette Piece est une Satyre très violente. Manuscrit.

L'Argus de la Cour. Cette Piece est la même que la précédente, sous un autre titre. Elle est extrêmement Rare.

Les Entretiens burlesques de Mtre. Guillaume le Savetier, avec sa ribaude maîtresse, dame Ragonde. En vers, 1649.

HISTOIRE.

La Farce des Courtisans de Pluton, & leur Pelerinage en son Royaume. En vers. 1649.

La Gazette Burlesque. En prose. 1649.

De la Guerre des Tabourets. En vers & en prose, 1649.

Le Nez pourri de Théophraste Renaudot, grand Gazetier de France, & Espion de Mazarin, avec sa vie infame & bouquine, &c. En vers.

Paris débloqué, ou les Passages ouverts. En vers burlesques. *Paris*, 1649.

La pure Vérité cachée. En vers. Piece satyrique très violente & fort Rare.

Recueil général de toutes les Chansons Mazarinistes. En vers. *Paris*, 1649.

La Vieille Amoureuse. En vers.

381 Jugement de tout ce qui a été imprimé contre le Cardinal Mazarin, par G. Naudé. 1649. in 4. rel. en cart. 718 pages.

382 Mémoires de la Vie de Frédéric Maurice de la Tour d'Auvergne, Duc de Bouillon. *Paris*, 1692. in 12. v. b. ══ Vie de M. le Duc de Montausier. *Paris*, 1729. in 12. v. b. ══ Mémoires pour servir à l'Histoire de Louis XIV, par l'Abbé de Choisy. *Utrecht*, 1727. in 8. v. m.

383 La Carte de la Cour, par Gueret. *Paris*, 1663. in 12. vel. ══ Caracteres de la Famille Royale, des Ministres d'Etat, &c. in 12. vel. ══ Histoire des promesses illusoires depuis la paix des Pyrennées. *Cologne*, 1684. in 12. v. b. ══ La Tyrannie heureuse, ou Cromwel politique. *Leyde*. 1671. in 12. v. b.

384 L'Esprit de Luxembourg, ou Conférence qu'il a eu avec Louis XIV, sur les moyens de parvenir à la paix. 1695. in 12. br. en cart. ══ Le

HISTOIRE.

grand Alcandre frustré, &c. in 12. br. — Le Le Nouveau Criticon, ou les Foiblesses françoises. *Cologne*, 1709. in 12. br.

385 Conseil privé de Louis-le-Grand, assemblé pour trouver les moyens, par de nouveaux impôts, de pouvoir continuer la guerre contre les Hauts-Alliés. *Versailles, par l'Abbé de la Ressource.* 1696. in 12 br.

386 Le Maréchal de Boufflers, prisonnier dans le château de Namur. *Liege*, 1696. in 12. v. b. — La Chasse au loup, de M. le Dauphin. *Cologne*, 1695. in 12. v. b. == Histoire de Mde. Henriette d'Angleterre, par Mde. la Fayette. *Amsterdam*, 1720. in 12. v. b.

387 Mémoires de la Régence. *Amsterdam*, 1729. 3 vol. in 12. v. b.

388 Mémoires de Mde. de Staal. *Londres*, 1755. 4 tom. rel. en 2 vol. in 12. v. m.

389 Plan de Paris, par l'Abbé de la Grive. in fol. v. m.

390 Versailles immortalisé, par de Monicart. *Paris*, 1720. 2 vol. in 4. fig. v. b.

391 Recueil des antiquités & singularités de la ville de Rouen, par Taillepied. *Rouen*, 1587. in 8. vel. — La Galerie des Peintres, ou Recueil de Portraits, en prose & en vers. *Paris*, 1668. 2 vol. in 12. v. b.

392 Histoire de la ville de Rouen. *Rouen*, 1710. 3 vol. in 12. v. b.

393 Histoire de la Milice françoise, par le Pere Daniel. *Paris*, 1721, 2 vol. in 4. fig. v. b.

394 Chronologie historique Militaire, par M. Pinard. *Paris*, 1760. 6 vol. in 4. v. m.

395 Carte générale de l'Histoire Militaire de

France, par Lemau de la Jeffe. in fol. v. m.
396 Les Mémoires d'Olivier de la Marche. *Gand*, 1567. in 4. v. b.
397 J. B. Grammay primitiæ rerum Duacenfium. in fol.

Manuscrit fur Papier, du XVII fiecle.

398 Le véritable Portrait de Guillaume-Henri de Naffau, nouvel Abfalon, nouvel Hérode, nouveau Cromwel, nouveau Néron, avec deux figures fatyriques contre ce Prince. = Les Soupirs de la France efclave, qui afpire après fa liberté. 1689. in 4. les 4 premiers Mémoires.
399 Hiftoire des Révolutions d'Efpagne, par le Pere d'Orléans. *Paris*, 1734. 3 vol. in 4. v. m.
400 Sommaire des Voyages faicts par Charles V, depuis l'an 1514, jufques en 1550. in 4.

Manuscrit fur Papier, du XVIII fiecle.

401 Hiftoire des Révolutions d'Angleterre, par le Pere d'Orléans. *La Haye*, 1729. 2 tom. rel. en un vol. in 4. baf.
402 Londres, par M. Grofley. *Lauzanne*, 1770. 3 vol. in 12. v. m.
403 Hiftoire du regne de Charles Guftave, par Puffendorf. *Nuremberg*, 1677. in fol. fig. v. b.
404 Plan de la ville de Saint-Peterfbourg, avec fes principales vues. *Saint-Peterfbourg*. 1753. in fol. br.
405 Defcription de la Chine, par le Pere Duhalde. *La Haye*, 1736. 4 vol. in 4. fig. baf.
406 Mœurs des Sauvages Américains, par le Pere Lafitau. *Paris*, 1724. 4 tom. rel. en 2 vol. in 12. fig. v. f.
407 Mémoires fur l'ancienne Chevalerie, par M.

HISTOIRE.

de Ste. Palaye. *Paris*, 1759. 2 vol. in 12. v. m.
== Histoire Littéraire des Troubadours, par M. l'abbé Millot. *Paris*, 1774. 3 vol. in 12. v. m.

408 Armorial de Bourgogne & de Bresse, par Chevillard. in fol. br.

409 Genealogia Kirckringorum & Bassiadum. grand in fol. forme d'Atlas. v. éc.

Cette Généalogie des anciennes familles de Kirckring & de Bas, originaire d'Allemagne, est magnifiquement exécutée sur Vélin, & enrichie d'une très grande quantité de blasons, peints avec beaucoup de délicatesse. Un nommé Vanden-Enden, Conseiller & Médecin du Roi, est auteur des vers latins qu'on y lit, & qui sont faits en l'honneur de chaque chef de ces deux familles : ces vers sont écrits avec une variété, une netteté & une perfection si grande, que l'écriture en peut être regardée comme des modeles très rares en ce genre. Les Artistes sont L. Van-Santen, J. Doorn, & Fr. de Bruynne. Ils paroissent avoir exécuté ce Manuscrit, composé de 74 feuillets, & chargé de beaucoup d'ornements, dans le siecle dernier.

410 Dissertation sur les attributs de Vénus, par M. l'abbé de la Chau. *Paris*, 1780. in 4. br.
Avec la figure de Vénus, avant & avec la bordure.

411 Le Costume de plusieurs Peuples de l'antiquité, par Lens. *Liege*, 1776. in 4. br.

412 H. Mercurialis de arte Gymnastica libri sex. *Venetiis*, 1601. in 4. fig. v. m.

413 Les Ruines des plus beaux Monuments de la Grece, par M. le Roi. *Paris*, 1770. 2 vol. in fol. en 1. br. en cart.

414 Les Ruines de Balbec. *Londres*, 1757, in fol. br.

415 Stampe degli avanzi dell antica Roma, di B. Overbeke. *Londra*, 1739. in fol. br.

HISTOIRE.

416. Collectanea antiquitatum Romanarum, aut. R. Venuti. in fol. br.

   100 Pieces.

417 Monumenta Matthaeiana, cum adnotationibus R. Venuti. *Romæ*, 1779. 3 vol. in fol. br.

   300 Pieces environ.

418 Calcographia della colonna Antonina. *in Roma*, 1779. in fol. br.

   150 Pieces.

419 Picturæ etruscorum in vasculis. *Romæ*, 1775. 3 vol. in fol. br.

   Figures coloriées.

420 Pierres gravées antiques, du Cabinet de Mlle. Cheron. in 4. br.

   20 Pieces.

421 Voyage Littéraire de deux Religieux Bénédictins. *Paris*, 1717. 2 vol. in 4. v. b.

422 L'Archiviste François, ou Méthode sûre pour apprendre à arranger les Archives, par M. Battheney. *Paris*, 1775. in 4. br.

423 Dictionnaire Typographique, par Osmont. *Paris*, 1768. 2 vol. in 8. v. m.

424 Bibliotheques Françoises de la Croix du Maine & de du Verdier, édition publiée par M. Rigoley de Juvigny. *Paris*, 1772. 6 vol. in 4. v. m. & br.

425. Le Glaneur François. *Paris*, 1736. 3 vol. in 12. v. m. == Odes nouvelles, par M. Sabatier. *Paris*, 1766. in 12. v. m. == Œuvres mêlées de M. R. B. *Amsterdam*, 1722. in 12. v. m.

HISTOIRE.

426 Œuvres de Brantome. *Londres*, 1739. 15 vol. in 12. v. éc.
427 Eloges de plusieurs grands hommes d'Italie, avec leurs Portraits. in fol. br.
428 Les Eloges des hommes savants, par Teissier. *Leyde*, 1715. 4 vol. in 12. v. b.
429 Histoires tragiques, rédigées en épitome, par Alexandre Sylvain. *Paris*, 1588. in 8. vel.
430 Histoires tragiques de notre temps, par Fr. de Rosset. *Rouen*, 1632. in 8. = L'Avanturier Buscon, histoire facétieuse. *Paris*, 1633. in 8. vel.
431 Les histoires tragiques de notre temps, par François de Rosset. *Rouen*, 1700 in 8. v. b. = Histoire du Procès fait à Charles Stuart, Roi d'Angleterre. *Londres*, 1650. in 12. v. b.

FIN.

Lu & Approuvé ce 30 Mai 1785.
FOURNIER, Adjoint.

www.ingramcontent.com/pod-product-compliance
Lightning Source LLC
LaVergne TN
LVHW050305090426
835511LV00039B/1486